"四好农村路"之惠阳实践

中共惠州市惠阳区委
惠州市惠阳区人民政府 组织编写

人民交通出版社股份有限公司
China Communications Press Co.,Ltd.

内 容 提 要

"四好农村路"是中共中央总书记习近平于2014年3月提出的。2017年12月,习近平又对"四好农村路"建设作出重要指示。他强调,近年来,"四好农村路"建设取得了实实在在的成效,为农村特别是贫困地区带去了人气、财气,也为党在基层凝聚了民心。

2017年,惠州市惠阳区被评选为首批"四好农村路"全国示范县。本书梳理总结了惠州市惠阳区在"四好农村路"建设中的经验做法及取得的成效,可供各地参考借鉴。

图书在版编目(CIP)数据

"四好农村路"之惠阳实践 / 中共惠州市惠阳区委,惠州市惠阳区人民政府组织编写 . — 北京:人民交通出版社股份有限公司, 2018.12
 ISBN 978-7-114-14912-2

Ⅰ. ①四⋯ Ⅱ. ①中⋯ ②惠⋯ Ⅲ. ①农村道路—道路建设—研究—惠阳区 Ⅳ. ① F542.865.4

中国版本图书馆 CIP 数据核字(2018)第 169517 号

书　　名:"四好农村路"之惠阳实践
著 作 者:中共惠州市惠阳区委　惠州市惠阳区人民政府
责任编辑:王　丹
责任校对:刘　芹
责任印制:张　凯
出版发行:人民交通出版社股份有限公司
地　　址:(100011)北京市朝阳区安定门外外馆斜街3号
网　　址:http://www.ccpress.com.cn
销售电话:(010)59757973
总 经 销:人民交通出版社股份有限公司发行部
经　　销:各地新华书店
印　　刷:中国电影出版社印刷厂
开　　本:787×1092　1/16
印　　张:5.75
字　　数:92千
版　　次:2018年12月　第1版
印　　次:2018年12月　第1次印刷
书　　号:ISBN 978-7-114-14912-2
定　　价:48.00元

(有印刷、装订质量问题的图书由本公司负责调换)

广东省惠州市惠阳区地处珠江三角洲东部,与深圳、东莞两市以及惠州市的惠城区、惠东县、大亚湾开发区接壤,辖区总面积915.6平方公里,所辖三街六镇102个建制行政村,户籍人口约40万人,居住总人口约82万人。

近年来,惠阳区坚持把推进"四好农村路"建设作为统筹城乡、改善民生和全面建成小康社会、推进农业供给侧结构性改革的重要抓手,按照"政府主导、加大投入、创新机制、发挥效益"的总体思路,全力推进"四好农村路"建设。至2017年底,我区形成了"镇镇通高速""村组通硬化"、农村公路列养率达100%、所有乡镇建有客运站(含招呼站)和农村客运村村通全覆盖的交通格局,并成功获评"四好农村路"全国示范县。

一、明确分工,强化考核,推动"四好农村路"工作常态化

我区高度重视"四好农村路"创建工作,认真贯彻落实习总书记关于"进一步把农村公路建好、管好、护好、运营好"的重要指示精神,统筹推进农村公路建设。2017年3月,我区成立了"四好农村路"建设工作领导小组,由区长担任组长,分管交通、财政的副区长为副组长,区府办、编办、交通运输、国土、住建、安监、公路、公安等部门及各镇(街道)为成员单位,负责组织协调"四好农村路"建设工作。2017年4月,我区将

"四好农村路""建、管、养、运"工作指标纳入政府绩效考核目标，将农村公路建设项目纳入考核范围，包括省级新农村示范片区道路建设项目、通村公路路面硬化任务和县道X205线永湖至马安段公路改建工程，三项考核任务均要求在2017年年底完成。此外，我区将"四好农村路"主要工作也纳入对各镇（街道）政府和各职能部门的年度考核指标，推动"四好农村路"建设成为制度化、常态化工作。

二、争取支持，加大投入，保障"四好农村路"资金到位

"十二五"期间，我区投入村道建设资金1.47亿元，实现全区通行政村公路路面硬化；投入县道改造8.57亿元；投入公路养护资金达0.4亿元。"十三五"以来，我区投入3602万元完成200公里村道路面硬化工程，实现所有村民小组村道路面硬化目标；投入约6166万元完成X204、X205等县道路面改造工程；同时，投入2188.48万元用于安全生命防护工程，完成窄路面村道拓宽54.395公里，实现农村客运全区覆盖目标。

在农村公路管养方面，我区全力保障资金投入，建立以公共财产投入为主的农村公路管养资金保障机制，农村公路管养经费100%到位，并实现逐年增长。其中，2009年至2013年，市级农村公路养护配套资金标准为600元/公里，区级农村公路养护配套资金标准为500元/公里；2014年至今，市级农村公路养护配套资金标准为800元/公里，区级农村公路养护配套资金标准为700元/公里。为落实管养经费专款专用，区地方公路管理局及区地方公路路政管理所在职和退休人员工资津补贴均由财政支出，每年拨付的农村公路管养经费全额专项用于全区农村公路养护管理事项，农村公路管养得到更好保障。

三、统一推进，创新机制，加快"四好农村路"建设速度

我区在村道建设中坚持"七统一"的做法，即：统一立项、统一招标、统一施工、统一验收、统一结算、统一支付、统一归档。通过规范建设程序，严把公路建设关，避免分散发包、分别施工带来的标准不一、质量参差不齐等问题；避免工程质量难以管控、建设资金相互推诿扯皮等问题；避免出现竣工资料缺乏规范统一、专项资金挪作他用等问题。实现了农村公路建设的道路编码、计划任务、专门资金和质量保障的高度统一与规范。通村公路硬化工程建设质量得到保证，建设速度得到进一步提升。

序言

四、科学运营，提档升级，发挥"四好农村路"社会效益

我区以公共服务均等化综合改革试点为契机，通过深入调研，科学规划农村客运服务网络，优化线路方案，重点覆盖偏远乡村等公交服务薄弱区域，实现城市公交从中心区至行政村100%覆盖，并与农村客运线路有效互补。"村村通班车"提高城乡客运均等化水平，村民出行更加方便。

通过发挥农村公路网的重要作用，我区大力推进农村农副产品转型升级和集约化经营，建立了良井万亩花卉基地、平潭万亩四季绿蔬菜基地、镇隆荔枝等农业合作基地，为农民增收、脱贫致富提供了机会。依托完善的农村公路通行网络，形成以惠阳汽车客运总站、惠阳供销民生广场、惠阳东城物流园为中心的货物流通枢纽，促进农村小件货物托运、农副产品的运输。通过完善国有邮政物流业务网络，鼓励各快递公司加速网络布局，实现快递业务在惠阳辖区内村村通全覆盖，有力地保障了城乡居民货物流通的需求，打通农村物流"最后一公里"。

农村公路为农民提供了畅通和便捷的出行条件，是农民生产、生活条件改善和农村地区发展、脱贫攻坚的基础。接下来，我区将继续加大投入，积极探索创新机制，全面巩固提升"四好农村路"建设水平，助力乡村振兴战略发展，为建设新时代社会主义新农村提供坚实保障。

惠州市惠阳区人民政府

2018年8月

前言
Preface

  近年来，我区认真贯彻落实习近平总书记关于"四好农村路"重要指示精神，紧紧围绕"四好农村路"建设总体目标，在大交通格局下，把农村公路建设作为基础中的基础，把"修路筑巢"进而"筑巢引凤"作为推动社会经济发展、实现民生福祉、推动城乡融合的有力抓手。借助创建"四好农村路"全国示范县的契机，努力争取各方支持，抢抓机遇，完善机制，全力提升农村公路的"建管养运"工作水平，助力推动乡村振兴战略。

  2017年8月，我区被交通运输部评为首批"四好农村路"全国示范县。我区及时总结做法体会，积极宣传推广，充分发挥示范县的典型引领作用。我们依据创建工作开展以来面临的实际、采取的措施、工作的重点、建设的成果、未来的探索等方面内容组织撰写了本书。本书主要撰写人员：何焕斌、杨建忠、曾惠明、周伟胜、田锦元、孙泉、叶育南、林石强、董跃威、邱爱良、孙建亮、高希望、隋修德、魏新财。本书的出版将为我区巩固提升"四好农村路"建设水平、助力乡村振兴战略实施提供更多动力，希望广大读者批评指正。

编写委员会
2018年8月

目录
Contents

建设四好致富路，凝聚民心促发展 ················· 01

"四好农村路"助力乡镇产业转型升级 ················· 10

农村路网催生农路产业带 ················· 12

环状化公路串联一村一策乡村特色游 ················· 14

附件 A 惠州市惠阳区推进"四好农村路"建设实施方案 ········ 48

附件 B 惠州市惠阳区关于加快落实交通部门绩效考核
项目推进"四好农村路"建设工作的通知 ············ 53

附件 C 惠州市惠阳区机构编制委员会关于部分事业单位
类别调整的通知 ························· 55

附件 D 惠阳区地方公路管理局道班管理制度 ············ 56

附件 E 惠阳区农村公路兼职路政员（监管员）管理制度 ········ 61

附件 F 惠阳区农村公路绿化工作实施方案 ············ 63

附件 G	惠阳区 2017 年"四好农村路"路域环境综合整治工作方案 ······	65
附件 H	惠州市惠阳区行政村"村村通班车"专项行动工作方案 ······	68
附件 I	惠州市惠阳区提升"四好农村路"创建水平三年行动计划（2018—2020 年）······	74

"四好农村路"

建设四好致富路,凝聚民心促发展

——惠州市惠阳区创建"四好农村路"工作情况汇报

　　惠州市惠阳区地处珠江三角洲东部,与深圳、东莞两市以及本市的惠城区、惠东县、大亚湾开发区接壤,辖区总面积915.6平方公里,所辖三街六镇102个建制行政村,户籍人口约38万人,居住总人口约81万人。今天的惠阳已形成机场、高铁、高速公路、国省道路以及完善的农村公路网所构建的立体交通网络,全区实现"镇镇通高速",其中,贯通国省道路6条,通车里程151.53公里;建成县道65公里,乡道834公里,村道951公里,农村公路总通车里程达1850公里,每百平方公里农村公路密度达202.1公里。

"四好农村路"之 惠阳实践

2016年5月,省交通运输厅推荐我区参加交通运输部组织的"四好农村路"调研考核,督导组对我区推动"四好农村路"所取成绩给予充分肯定,同时,也指明了下来农村公路建设的发展方向和策略定位。2017年1月,省厅将我区列为广东省首批"四好农村路"示范县(区),我区按照示范县标准积极推进各项工作,严格对照创建"四好农村路"示范县评定内容开展对标达标自查,精心组织"四好农村路"全国示范县创建工作;同年8月,经对标遴选、县级自查、省市核查、交通部复查等程序,我区在全国公路建设经验交流暨表彰会上获得"四好农村路"全国示范县(区)的荣誉称号。

2018年,"四好农村路"推进工作继续得到市委市政府的高度重视,《关于全面推进我市"四好农村路"建设的议案》被确定为惠州市十二届人大三次会议议题,我区继续全面贯彻落实上级交通部门关于"四好农村路"建设的工作部署,以习近平总书记对"四好农村路"建设的重要指示批示精神为根本遵循,以切实推进全区农村公路发展水平为重要抓手,以最终提升群众满意度、获得感为最终目标,全力把农村公路建好、管好、护好、运营好,为推动脱贫致富、建成小康社会和实现农业农村现代化提供有力支撑。今年7月,交通运输部、农业农村部、国务院扶贫办及省交通运输厅领导组成的联合考评组莅临我区复评考核"四好农村路"创建工作,对我区"四好农村路"创建工作给予充分肯定。现就我区创建"四好农村路"工作情况汇报如下:

一、惠阳区"四好农村路"建设的主要成果

十八大以来,我区全面推进"四好农村路"创建工作,全区农村公路路网结构明显优化,质量明显提升,管理明显细化,养护全面加强,真正做到有路必养,路产路权得到有效保护,城乡交通一体化格局已形成。2017年,我区已实现县道三级以上路面100%、组组通硬化路100%、村村通公交100%、镇镇有养护机构100%、农村公路列养率100%、管理机构和养护经费纳入地方财政供给100%的目标。主要情况有:

(一)全域化道路网络得以形成

1.全面有序推进县道升级改造。实现每年一条县道改造目标,县道三级以上路面达100%。建立以公共财政投入为主、多渠道筹措为辅的农村公路建设资金保障长效机制。从2013年起,先后完成了县道X225秋梓线、X209平梁线、X204镇沥线、X205永马

线等路面改造工程；今年计划实施 X202 良白线路面改造，并把 X226 平横线改造纳入 2019 年工作计划，县道面貌焕然一新，县道通行水平明显改善。

2. 全面实现自然村道路硬化目标。结合通自然村公路改造点多面广的特点，我区坚持"七统一"做法，保持平均每年硬化 120 公里的建设速度，2003 年至今，累计完成 1800 公里通村硬化路，实现了由"村村通"到"组组通"的延伸，组组通硬化路达 100%。

3. 全面完成通行政村道路拓宽。我区积极推进农村公路窄路面拓宽建设步伐，将具备拓宽条件的村道纳入窄路面拓宽计划，把建制村村道拓宽成双车道。截至目前，累计完成窄路面村道拓宽 96 公里，其中涉及农村通客车需拓宽村道改造里程 34.5 公里，为农村公交全覆盖提供了硬件基础。

4. 全面完成生命防护工程建设。对农村公路桥梁进行全面核查，做好危桥排查与改造，发现一座，改造一座，达标一座，杜绝发生重大安全生产事故和重大质量事故。大力实施农村公路安全生命防护工程和交通安全设施完善计划，完成经排查入库的 329 公里县乡村公路安全生命防护工程整治任务，完成排查出来的危险路段整治和新建公路安全设施完善工作，累计设置各类交通标志牌 2510 套、警示桩 9534 根、热融减速带及标线 64445 平方米、橡胶减速带 2865 米、防护栏 109 米。定期对农村公路开展安全隐患排查治理，消除公路安全隐患，提升农村公路安全保障水平。

5. 全面完成农村示范道路建设。2016 年起，良井镇的矮光、霞角、大白、时化和平潭镇的阳光等五个行政村被确定为"新农村示范片区"，我区对五个行政村中的 32 公里村道实行拓宽建设和美化完善，环线道路全部铺上沥青，施划标线，竖立安全指示牌，建成美丽乡村道路。

（二）全域化管理机制得以建立

1. 强化考核督查，建立长效机制。我区成立以区长为组长的惠阳区"四好农村路"建设工作领导小组，将农村公路"建管养运"工作指标纳入区政府对各镇街和职能部门的年度绩效考核体系和范围，充分调动镇街和职能部门的积极性，实现"四好农村路"建设工作常态化。

2. 完善供给模式，实现专款专用。养护资金逐年增长。其中，市、区两级政府建立了农村公路养护资金增长机制，三年来，从每公里补贴 800 元、1000 元增长至 1500 元。

2018年1月起，区地方公路管理局工作人员工资和办公经费由区财政保障，公路养护经费由财政全额供给。

3.健全体制机制，强化路域管理。按照全省事权与财权改革要求，我区完善了区、镇二级农村公路管理机构协调管养机制，建立了镇级农村公路管理机构双重供给和双重管理模式，配备了协管人员，落实了专门经费。健全管理队伍，配备专职路政员，落实全区9个镇街有监管员、所有建制村有护路员，建立路政员和护路员工作规范和管理模式。爱路护路的乡规民约、村规民约制定率达到100%，建立了区有路政员、镇有监管员、村有护路员的路产路权保护队伍。大力开展农村公路路域环境综合整治，完善了路域整治台账资料，农村公路基本实现路田分家、路宅分家，打造畅通、安全、舒适、美丽的通行环境。

（三）全域化道路养护得以推行

1.坚持专门养护，实现有路必养。我区农村公路养护工作坚持走专业化与社会化养护相结合的路子，区地方公路管理局设有专门的养护道班和养护基地，建立了一支稳定的养护队伍，在体制上、机制上和保障上实现有效统一。十八大以来，为农村公路养护机械更新购置投资360万元，更新购置养护车9台、洒水车1台、扫路车1台、铲车1台、小型挖掘机1台、割草机50台及其他各类养护机械一批，重点对县道、乡道和行政村村道实施养护。在实施专业化养护的同时，我区全力推进村组养护方式，各乡镇建立了农村公路保洁队伍，据统计，全区各镇办现有保洁人员850人，主要担负了农村公路通自然村村道养护保洁工作，借助双结合的方式，实现了全区农村公路"有路必养"的目标。

2.落实考核机制，推动创先争优。建立养护质量与计量支付挂钩的工作机制。在市交通运输局制定的《惠州市农村公路检查考核办法》基础上，进一步进行细化量化，严格执行考核标准，坚持每月开展检查考核，坚持实行月通报整改制度，取得了管理上的新进步。同时，把经济收入与养护质量挂钩，形成创先争优工作氛围，真正实现农村公路列养率100%，公路优良率和路面使用性能指数稳中有升。

（四）全域化公交运营得以实现

农村公路建设的最终目标是改善农村通行条件，增强群众对农村公路发展的满意度和获得感,促进农村经济发展,实现脱贫攻坚和精准扶贫目标,使广大群众真正实现"出门硬化路、抬脚上客车"的愿望,村村通公交率达100%。

1. 实现农村客运三个100%。我区对不符合安全通客车条件、安全设施不足的道路实施改造,对改造后达到安全通客车条件的行政村,通过新开线路或延伸现有线路等方式解决了行政村通班车问题,圆满完成了三个100%的任务,即100%乡镇建有客运站(含招呼站)、100%行政村建有候车亭、100%行政村通客车。十八大以来,我区共建成6个乡镇汽车客运站(含招呼站)、新建114个农村客运候车亭、开通(延伸)农村客运公交线路17条,覆盖所有行政村,确保所有行政村都通行公交车。今年,我们计划把农村公交服务一并纳入全区公交TC模式运营改革,确保农村客运开得通、留得住、有效益。

2. 构建便民的农村物流体系。初步建成覆盖县、乡、村三级物流网络体系,依托完善的农村公路通行网络,形成以惠阳汽车客运总站、惠阳供销民生广场、惠阳东城物流园为中心的货物流通枢纽,促进农村小件货物托运、农副产品运输的流通。

3. 促进现代农业基地建设。借助农村公路网的建成,大力推进农村农副产品转型升级和集约化经营,建立了良井万亩花卉基地、平潭万亩四季绿现代农业基地,每年产值1亿元左右,种植品种50多个,远销港澳。平潭镇种植淮山粉葛2千亩,产值1700万元;镇隆镇2266公顷荔枝基地,年平均产量5000吨,种植户7000户,每年产生的经济效益8400万元,平均户收入1.2万,获得农业部国家地理认证;秋长街道四季分享千亩蔬果基地,无公害产品销往港深地区;永湖镇亚维浓千亩生态园使当地农户实现双收益;良井镇矮光、时化、大白、松元、黄洞等村正在联片打造农业观光旅游项目,结合新农村建设,以现代农业、采摘、蔬菜、花卉、休闲漫行、民宿等,引进5家农业龙头企业,周边3250多户,8000多群众共同参与的模式,目前每年能吸引十多万游客,促使片区内群众每年人均增收5000元以上。"四好农村路"建设成果为现代化农业基地发展提供了有力支撑,为农村地区群众打开脱贫致富大门。

二、惠阳区"四好农村路"建设工作主要做法

(一)坚持政府主导,保障资金投入

我区在推进"四好农村路"建设工作中,坚持政府主导、各级参与的做法,积极争取

上级政府和交通部门的支持，在资金投入上给予优先倾斜。据交通计划和财务部门统计，十八大以来，县道改造累计投入资金达 11.2 亿元，包括中央及省配套 1.882 亿元、市级配套 871.4 万元、区级配套 9.2 亿元；村道建设累计投入资金达 3.77 亿元，包括省级配套 1.17 亿元、市级配套 7800 万元、区级配套 1.3 亿元、镇村自筹资金 5200 万元。累计共投入 1346 万元完善农村公路安全设施（包括农村公路安全生命防护工程），投入危桥改造及修复水毁公路工程达 521.7 万元、公路养护资金 6800 万元。

在乡、村道建设资金上，发挥侨乡优势，动员社会参与，不少社会贤达及海外侨胞慷慨解囊，支持乡村道路建设，解决了相对落后镇村的资金短缺问题，使乡村道路建设取得更快的发展速度。除此之外，各级财政在农村公路路域整治、改造危桥等方面也给予了有力支持，使"四好农村路"建设的各项建设管理工作得到有力提升。

（二）坚持统一推进，保障质量安全

我区每项工程均须签订廉政合同，确保交通扶贫资金领域不出现腐败现象，将农村公路建设打造成民心工程、良心工程。农村公路建设特别是通村公路路面硬化建设正式实施以来，我区一直坚持"七统一"做法，即：（1）统一立项：全区年度村道硬底化建设工程实施打捆招标纳入一个笼子组织实施；（2）统一招标：通过公共资源平台进行公开招投标；（3）统一施工：由具备资质的中标单位组织施工队伍进场施工，确保专业水准；（4）统一验收：实行"企业自检，社会监理，政府监督"的方式，最终由市级公路质监部门统一实施质检验收，严把公路建设质量关；（5）统一结算：所有工程按进度和验收结果统发工程款项；（6）统一支付：交通、财政部门设立共管账户，实行工程款联合审查，逐级审批的方式支付工程款项；（7）统一建档：所有工程项目和施工道路严格建立"一路一档"。实施"七统一"做法，避免了分散发包、分别施工带来的标准不一、质量参差不齐的问题；避免了工程质量难以管控、建设资金相互推诿扯皮的问题；避免了施工竣工资料缺乏规范统一、专项资金挪作他用的问题。同时，确保农村公路建设扶贫专项资金落到项目、落到实地，特别是将上级拨付的资金真正落到具体项目、具体镇村、具体道路，实现目标计划与具体实施完全统一，工程项目与资金支付完全对应。

（三）坚持精细养护，实现示范引领

养护工作是农村公路实现良好运营的重要环节，我区农村公路养护工作任务繁重，全区农村公路里程已达 1850 公里，分布于 102 个行政村，经过创新方式、克服困难，在省、市农村公路管养评比考核中每次均能获得管养先进单位称号。在推进养护工作中，大力推动精细化养护手法，细心检查、精心养护，以"预防为主，防治结合"为抓手，消除公路病害于萌芽；坚持开展"美丽乡村公路"建设活动，以"标准化示范路"、"养护样板路"创建为载体，实施农村公路深化改造，创建 X226 线、Y709 线为"标准化示范路"，在每一个行政村至少创建一条"养护样板路"，创建里程达 290 公里，大量种植秋枫、香樟树、美丽木棉或大红花等，极大改善了路容路貌，美丽乡村公路得以逐步实现。

（四）坚持联勤联动，落实路域整治

严抓路域整治，坚持巡查巡控，严厉打击和治理超载超限违法行为。我区地方公路管理局与综合行政执法局为农村公路管理的行政执法主体，乡镇（街道）乡村公路管理办公室和公路养护道班是农村公路管养的一线单位，负责农村公路的日常养护工作，乡镇组织乡村公路护路员，形成联动合力，共同参与道路管理和路域整治工作，取得良好效果。同时，公路法制宣传教育与执法专项行动相结合，提高沿线群众爱路护路意识，共同参与农村公路管理工作，农村公路超载超限违法行为得到治理，路域环境得到有效整治，县道基本实现"路宅分家、路田分家"，乡村道整治目标得到进一步实现。

（五）坚持服务农业，发挥社会效益

公路建设是经济发展的先行官，我区高度重视农村公路建设管理和建设质量，认真落实"三同时"、"七公开"制度，使广大农村百姓深深感受到党和政府的温暖与关怀。在解决出行和温饱之后，交通服务使百姓发展农村个体经济有了基础条件。我区毗邻港澳地区和深圳市，以"四好农村路"建设成果为支撑，新时代农业基地得到了迅猛发展，在村村通公路的带动下，农村经济产业插上了腾飞的翅膀，为"十三五"全面建成小康社会注入了强大动力。

三、惠阳区"四好农村路"建设的提升方向

为促进我区农村公路"建、管、养、运"全面发展，巩固提升"四好农村路"创建水平，助力乡村振兴战略，加快美丽乡村建设，推动建成小康社会，我区制定了《惠州市

惠阳区提升"四好农村路"创建水平三年行动计划（2018-2020年）》，确保到2020年，以更高目标和更高质量推动"四好农村路"创建工作。主要有以下提升方向：

一是继续提升建设质量，实现六个目标。形成农村公路环状化、网络化格局，2018年完成20户以上村民聚居区生活出行需求的村道硬化里程75公里，拓展通往村小组的"第二条路"，构建自然村之间的环状路，实现村道"进村入户"目标；2019年完成通往新规划农业经济生产规划区的村道硬化里程75公里；加快农村公路窄路面拓宽步伐，2018年计划拓宽100公里，2019年计划拓宽80公里，2020年计划拓宽70公里，完成全区农村公路三级公路以上的比例达到32%，实现主村道"双车道"目标；完成农村公路"畅返不畅"排查和升级改造，每年安排100公里破损路面改造修复工程，实现乡道"畅顺美"目标；定期排查县乡村道安全隐患，整改治理率要达到100%，实现农村路"平安路"目标；定期对农村公路桥梁进行检测，及时改造，实现农村路"安全桥"目标；全面加强农村公路建设管理，确保工程建设质量，实现新改建农村公路一次性交工验收合格率达98%以上目标。

二是继续提高养护水平，推动四个提升。提升养护技术指标，夯实养护资金基础，到2020年，实现全区农村公路优、良、中等级路况比例不低于85%，路面技术状况指数（PQI）逐年上升；提升养护亮丽化水平，推进美化绿化建设，实现全区有条件、宜绿化的农村公路绿化率达85%以上；提升机械化养护水平，加大经费投入，增加养护机械配置；提升养护从业人员素质，定期开展道班人员养护技能培训。

三是继续突显运营效益，实施四项计划。推动新能源车辆实施计划，三年内实现新能源电动车在农村公交普及；实施"一镇一站"建设计划，对各镇现有招呼站升级建设为客运站场；建立农村公交补贴补助计划，将农村公交纳入TC模式运营改革范围，力争在2020年开通全区各镇（街）的循环行政村公交，全面扩展农村公交覆盖面，对具备通行条件的，将公交站点设置在村委会，公交直达村委会比例达60%以上，对条件暂不成熟的，努力将公交站点推进至距村委会800米范围内；实现全区村小组电商物流配送全覆盖计划，打通农村物流"最后一公里"。

四是继续加强行业监督，落实两项责任。纪委、监委继续强化对交通行业的监督管理，交通部门主动承担对农村公路"建、管、养、运"工作的监管职责，特别是加强交通工程项目招投标、建设、施工等方面的监管，确保项目工程资金（包括养护专项资金）落到实处；继续加强行业党风廉政建设，落实信息公开制度，主动接受纪检监督和社会监督,保证交通扶贫领域资金专款专用,坚决遏制腐败现象发生。

在上级部门的大力支持和正确指导下,在广大人民群众的监督下,我区将积极探索农村公路建管养运的新思路,合理安排人、财、物的使用,扎实推进《惠州市惠阳区提升"四好农村路"创建水平三年行动计划(2018～2020年)》实施,使我区农村公路"建管养运"工作逐步规范化、制度化,促进农村公路养护工作持续健康发展,确保农村公路安全畅通,促进农村地区经济发展,助力乡村振兴战略的实施。

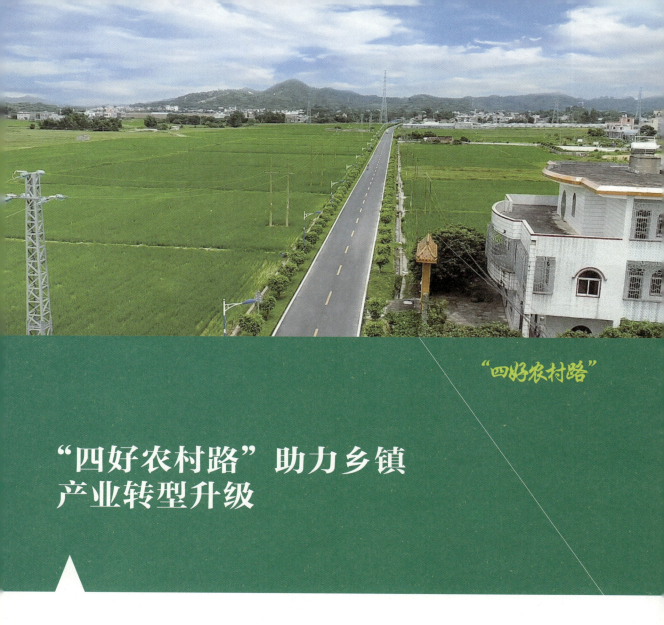

"四好农村路"

"四好农村路"助力乡镇产业转型升级

  秋长街道位于惠阳西部,毗邻深圳坑梓,是惠阳工业重镇。近年来,惠阳区推进全区重点产业区村道硬化和窄路面拓宽工作。完成秋长绿道等交通基础设施,规划建设 X225、秋溪大道(YB51)、将军东路等一批交通工程项目,并将位于秋长街道境内的深汕高速惠阳西互通纳入实施计划,为秋长街道对接深圳带来极大便利。在村村通公交的基础上,谋划开通了环秋长街道、秋长伯恩—永湖伯恩等一批特色、快速公交线路。良好的交通区位和完善的交通设施,吸引了伯恩光学、安博物流、华叶家博园、喜德盛等多家大型企业落户在此。未来几年,秋长街道将形成"南部工业立街,中部文创兴街,北部文旅带动"的战略格局，并因地制宜规划吉他小镇、挺秀客俗风情园、家居小镇、维白科创园、白石洞智慧谷、西湖宜居示范区六大产业组团，覆盖全秋长 11 个村（社区），以产业振兴乡村、以乡村承载产业，确保村村有产业、村民有就业，力争打造"一个世界级、两个国家级、三个区域级"产业组团。

通过产业规划实现产业集聚发展，秋长的产业实现转型升级，这六大产业组团分布秋长的各个村，使每个村庄都有产业，村容村貌大幅提升，村民有稳定就业和分红。乡村振兴有了产业支撑，在未来区域竞争中将把握自主权。

吉他小镇主要覆盖高岭村、维布村、秋长社区，规划面积 5.86 平方公里。利用秋长吉他产业完善的产业链，打造集吃、住、行、游、够、玩、产、销、研于一体的"国际化吉他文化中心"及世界级吉他产业聚集地。

挺秀客俗风情园主要覆盖周田村、官山村、茶园村、双田村，并通过喜德盛项目辐射至岭湖村，规划面积 6.58 平方公里。依托喜德盛自行车项目和秋长绿道，是个集红色文化、华侨文化、客俗旅游、田园休憩区、生态保护区、骑行观光带等于一体的产业区域，力争打造为国家 5A 级旅游景区。

家居小镇主要覆盖新塘村、高岭村、维布村，规划面积 3.43 平方公里。通过华叶家博园项目带动、旧村庄升级改造、村企合作等模式，打造集家居原材料销售、家居设计、科技创新、人才培养、产业孵化、家居体验旅游于一体的国家级全产业链家居小镇。

西湖宜居示范区主要在西湖村，规划面积 5.04 平方公里。通过建设高速出入口、公交枢纽、商贸服务区等公共交通和文化设施，结合白云新城 PPP 项目推进城市更新，融合湿地公园建设和淡水河景观带，并通过旧村庄、留用地村企合作，将西湖片区打造成区域级生态宜居示范区。

维白科创园主要在维布村，规划面积 4.44 平方公里。通过引进高科技产业项目、创意创新项目，大力拉动区域经济发展，逐步将该片区打造成为区域级高科技、创意产业集群区。

白石洞智慧谷主要覆盖白石村、新塘村，规划面积 9.02 平方公里。依托临深优势，利用伯恩光学产业辐射带动，通过整合厂房、土地等资源，着力引进先进装备制造和电子信息产业等新兴科技产业体系，打造区域级高端智造产业园区。

"四好农村路"

农村路网催生农路产业带

惠阳区镇隆镇山顶村,漫山遍野荔枝飘香,村道两旁麦浪涌动,村民在菜地里劳作,清幽宁静……彼时,当地的农家乐却热火朝天。随着惠阳区农村公路建设的深入推进,公路产业带激活乡村的发展活力。

2016年5月,交通运输部"四好农村路"督导调研组来到首站广东,对惠阳区兴起的公路产业带给予了肯定。

永湖镇利用绿道与秋长镇的叶挺将军纪念园对接,通过完善金果湾项目周边酒店、农家乐、生态农业观光等设施,将麻溪虎爪片区打造成为生态养老及绿道旅游休闲基地。

平潭镇依托完善的交通路网和物流网络，积极发展现代农业，打造了淮山、粉葛、红葱、青椒等一批初具规模的特色农业生产基地和以四季绿为龙头的休闲观光农业旅游基地。

良井镇楼角村多年来通过完善村道硬化和安装路灯等配套设施建设，激活了村组闲置土地，于 2015 年成功引入包含 800 亩菜场和 30 亩玫瑰园的广东裕兴生态园项目。

因农村公路而兴的公路产业带，正逐步向特色化、规模化发展。良井镇矮光村万亩现代农业基地、平潭镇阳光村万亩现代农业基地、平潭镇万亩淮山粉葛生产基地等 7 个连片万亩农业生产基地已成为广东省重要的供港蔬菜种植基地和优质粮食产业化示范区，给惠阳农村经济带来了勃勃生机和活力。惠阳区各镇（街道）正围绕农村公路建设编制本辖区 PPP 项目方案，通过社会融资方式推进和实现"四好农村路"大动脉工程蓝图，努力在更高平台上建设实力惠阳、生态惠阳和幸福惠阳。

"四好农村路"

环状化公路串联一村一策乡村特色游

走在摊铺了沥青混凝土的乡村小路上，看到家家户户的院子里种植着时蔬或鲜花，院墙上绘制了水墨画、山水画，木质栅栏将院子围了起来。农田、村舍、绿树、红花、墙画，漫步其间，山水田园的清新气息扑面而来，让人感觉时光静好。

2017年，惠阳区完成省级新农村示范片五个村的主环线项目13个，示范片区支环线项目8个，串联了良井镇矮光村、时化村、霞角村、大白村，共约35公里。新农村示范片的农村公路建设为推动美丽乡村建设提供更优的道路基础设施，为全区"四好农村路"建设提供了基准的样板。

环状化公路串联一村一策乡村特色游

　　从社会主义新农村建设到美丽乡村，再到乡村振兴，惠阳区提出了市场化模式创新实施乡村振兴战略，目标是实现"产城村人"深度融合，努力走出一条实施乡村振兴战略的新路子。在农村公路网状化的基础上，结合产业需求，实行一村一策，因地制宜提供发展指引。

　　目前，依托乡道709矮光至时化线，矮光村沿线发展较强观光功能的休闲农业和设施农业，构建优质蔬菜出口贸易基地，积极引入外资，利用山体坡地发展特色农业，如台湾大溪花海等项目。同时，矮光村1500亩农业集约化生产基地首发区完成建设，力争在一两年内初见成效，激发农村资源资产活力，并带动当地农民就业，实现农民增收。

　　霞角村临近良井镇区，公共服务及交通基础设施全面融入城镇发展体系，对应发展服务镇区的配套服务业、休闲慢行旅游等项目；大白村继续发展特色农业及种养业，形成葡萄、三黄鸡、初生蛋等名优特产，打造客家美食之乡、慢城体验村庄。

　　时化村结合民居建筑和翡翠湖休闲谷规划的黄洞水库沿岸农村公路绿道等休闲设施，发展创意民宿和度假养生产业，北侧山体配套建设相关创意观光型的农业项目。乡道709矮光至时化线旁的时化生态观光园原来是镇上的垃圾填埋场，在围闭之后填土复绿，改建成了生态观光园。这是时化村为激活农村产业特意引入的项目，观光园投入了2000多万元，发展生态观光、民宿、休闲旅游，每到周末或节假日，原来偏僻的地方成了热闹的场所。从景原生态观光园出来，进入时化村村民聚居区域，沿乡道709矮光至时化线一路黄花风铃木灿烂绽放，成了村中一道美丽的风景。

"四好农村路" 之 惠阳实践

▲ 良井镇农村公路风景（一）

▽ 良井镇农村公路风景（二）

Sihao Nongcunlu zhi Huiyang Shijian

▲ 良井镇农村公路风景（三）

▼ 良井镇农村公路风景（四）

"四好农村路" ② 惠阳实践

▲ 良井镇农村公路风景（五）

◀ 良井镇农村公路风景（六）

◀ 良井镇农村公路风景（七）

Sihao Nongcunlu zhi Huiyang Shijian

▲ 良井镇农村公路风景（八）

▲ 良井镇农村公路风景（九）

"四好农村路" ② 惠阳实践

绿道曲曲弯弯,
穿行山水之间。
绿树掩映若隐若现,
恰如龙降人间。

骑车绕行一圈,
不觉汗湿衣衫。
鸟鸣清脆风动微澜,
顿觉身在仙间。

▲ 秋长街道农村公路风景(一)

Sihao Nongcunlu zhi Huiyang Shijian

"四好农村路" ② 惠阳实践

▲ 秋长街道农村公路风景（三）

▲ 秋长街道农村公路风景（四）

◀ 秋长街道农村公路风景（二）

这条路的名字叫将军路，
因为它通往叶挺故居。
叶挺将军是中华民族的骄傲，
也是中国革命伟大的先驱。
他的《囚歌》大义凛然警醒后人：
是人，怎能从狗洞子里爬出！
这条路，在物欲横流的今天，
显得多么坦荡多么磊落，
让我们明白了
人和狗的区别不仅仅是身躯。

▼ 秋长街道农村公路风景（五）

"四好农村路"之 惠阳实践

▲ 三和街道农村公路风景(一)

Sihao Nongcunlu zhi Huiyang Shijian

"四好农村路"② 惠阳实践

▲ 三和街道农村公路风景（二）

▲ 三和街道农村公路风景（三）

▲ 三和街道农村公路风景（四）

"四好农村路" ② 惠阳实践

▲ 平潭镇农村公路风景（一）

▲ 平潭镇农村公路风景（二）

▲ 平潭镇农村公路风景（三）

Sihao Nongcunlu zhi Huiyang Shijian

▲ 平潭镇农村公路风景（四）

"四好农村路" ② 惠阳实践

▲ 平潭镇农村公路风景（五）

▼ 平潭镇农村公路风景（六）

▲ 平潭镇农村公路风景（七）

▼ 平潭镇农村公路风景（八）

"四好农村路"之 惠阳实践

▲ 镇隆镇农村公路风景（一）

Sihao Nongcunlu zhi Huiyang Shijian

▲ 镇隆镇农村公路风景（二）

"四好农村路"② 惠阳实践

▲ 镇隆镇农村公路风景（三）

▲ 镇隆镇农村公路风景（四）

Sihao Nongcunlu zhi Huiyang Shijian

▲ 镇隆镇农村公路风景（五）

"四好农村路" ② 惠阳实践

▲ 新圩镇农村公路风景（一）

Sihao Nongcunlu zhi Huiyang Shijian

"四好农村路" ② 惠阳实践

▲ 新圩镇农村公路风景（二）

Sihao Nongcunlu zhi Huiyang Shijian

新圩镇农村公路风景（三）

"四好农村路"之惠阳实践

▲ 沙田镇农村公路风景（一）

▼ 沙田镇农村公路风景（二）

Sihao Nongcunlu zhi Huiyang Shijian

▼ 沙田镇农村公路风景（三）

"四好农村路" ② 惠阳实践

▲ 沙田镇农村公路风景（四）

▲ 沙田镇农村公路风景（五）

43

"四好农村路" ② 惠阳实践

▲ 淡水街道农村公路风景(一)

Sihao Nongcunlu zhi Huiyang Shijian

"四好农村路" ② 惠阳实践

▲ 淡水街道农村公路风景(二)

Sihao Nongcunlu zhi Huiyang Shijian

▲ 淡水街道农村公路风景（三）

惠州市惠阳区推进"四好农村路"建设实施方案

2017年3月31日　　　　　　　　　　　惠阳府办函〔2017〕44号

按照我区"十三五"发展规划要求,为加快落实我区农村公路"建管养运"协调可持续发展,到2020年实现"建好、管好、护好、运营好"农村公路(以下简称"四好农村路")的总目标,制定本方案。

一、工作目标

将农村公路管理从"会战式"建设向集中攻坚转变,从注重连通向提升质量安全水平转变,从以建设为主向建管养运协调发展转变,从适应发展向引领发展转变。通过转变发展思路和发展方式,在"十三五"期间,实现农村公路路网结构明显优化,新农村公路建设管理水平明显提高,质量明显提升,养护全面加强,真正做到有路必养,确保路产路权得到有效保护,路域环境优美整洁。

二、组织领导

成立惠州市惠阳区"四好农村路"建设工作领导小组,由区政府主要领导担任组长,区交通运输、国土资源、安监、公安等部门及各镇(含街道办事处,下同)为成员,负责组织协调"四好农村路"建设工作。

三、工作任务

（一）全面建设好农村公路，发挥先行官的作用

坚持因地制宜、以人为本，使农村公路建设与优化城镇布局、农村经济社会发展和广大农民安全便捷出行相适应。在"十三五"期间，农村公路建设重点主要体现6个方面：

1. 继续推进农村公路硬化建设，实现农村公路环状化、网络化。在农村路网调查的基础上，收集（征求）村道未硬化自然村的建设意见。以实际需要和建设能力为主要依据，每年建设80～100公里，完善农村公路网。

2. 有序推进农村公路（重点行政村公路）窄路面拓宽改造，适应新农村经济社会发展。将具备拓宽条件的村道纳入窄路面拓宽计划，建制村村道拓宽成双车道（即将原3.5米宽路面至少拓宽至5米）。争取2020年前完成158公里窄路面拓宽任务。

3. 响应省级新农村示范片区建设，积极推进良井镇霞角、大白、矮光、时化及平潭镇阳光村等5个省级新农村示范片村道建设。按照"打造示范片中示范点、先急后缓"的原则，尽快推进5个村沿线道路改造建设，按村道建设模式铺设沥青混凝土路面。

4. 不断改善县道通行环境，提高公路通行质量。"十三五"期间，以"每年升级改造1条县道"为目标，将路面破损率高、群众改建呼声强烈的县道X202良白线、X204镇沥线（联溪至井龙全段）、X225东线（将军东路茶园至黄竹沥段）、X205永马线（惠阳段）、X227平潭至水口惠阳段进行二次改造。

5. 加快推进与深圳等周边地区道路对接项目建设，促进深莞惠经济社会一体化。加快与深圳市龙岗区吉桥路对接的Y948线新圩至南坑的新南大道、与龙岗区吉惠路对接的YB51线秋长至白石洞的秋白大道的建设。

6. 建设交通安全防护设施，及时进行危桥改造。按照保障畅通的要求，同步建设农村公路标志标线、护栏等安全保障设施。定期排查农村公路桥梁安全隐患，及时对四、五类危桥进行改造。到2020年，县乡道路安全隐患治理率基本达到100%。

（二）全面管理好农村公路，做到权责一致，规范运行

1. 构建符合农村公路特点的管理体制机制。按照我省事权与财权改革要求，完善区级农村公路管理机构、镇农村公路管理部门协调管养机制，镇、村要落实必要的协管人员和管养经费。到2020年，全面落实区政府主体责任，全面建立以公共财政投入为主的资金保障机制，区、镇级农村公路管理机构设置率达到100%，农村公路管理机构经费纳入财

政预算的比例达到100%。

  2. 加强农村公路法制和执法机构能力建设，规范执法行为，不断提高执法水平。大力推广农村公路管理机构统一执法、乡村协助执法；完善农村公路保护设施，努力防止、及时制止和查处违法超限运输及其他各类破坏、损坏农村公路设施等行为。到2020年，农村公路管理法规基本健全，爱路护路的乡规民约、村规民约制定率达到100%，基本建立区有路政员、镇有监管员、村有护路员的路产路权保护队伍。

  3. 大力开展路域环境整治工作。加大农村公路路域环境综合整治工作力度，加强绿化美化，全面清理农村公路路域范围内的草堆、粪堆、垃圾堆和非公路标志，路面日常保持整洁、无杂物，边沟排水通畅，无淤积、堵塞。到2020年，具备条件的农村公路全部实现路田分家、路宅分家，打造畅通、安全、舒适、美好的通行环境。

（三）全面养护好农村公路，做到有路必养

  1. 建立健全"区为主体、行业指导、部门协作、社会参与"的养护工作机制。全面落实区政府主体责任，充分发挥区地方公路管理部门、镇、村和村民的作用。将日常养护经费和人员作为"有路必养"的重要考核指标，真正实现有路必养。到2020年，养护经费全部纳入财政预算，并建立稳定的增长机制，基本满足养护需求。农村公路列养率达到100%，优、良、中等路的比例不低于75%，路面技术状况指数（PQI）逐年上升。

  2. 平稳有序推进农村公路养护市场化改革，加快推进养护专业化进程。以养护质量为重点，建立养护质量与计量支付相挂钩的工作机制。对日常保洁、绿化等非专业项目，鼓励通过分段承包、定额包干等办法，提高养护效率。农村公路大中修等专业性工程，逐步通过政府购买服务的方式交由专业化施工队伍承担。有序推进基层养护作业单位向独立核算、自主经营的企业化方向发展，参与养护市场竞争。

  3. 按照因地制宜、经济实用、绿色环保、安全耐久的原则，建立健全适应本地特点的农村公路养护技术规范体系。加大预防性养护和大中修工程实施力度。积极推广废旧路面材料、建筑垃圾等废物循环利用技术。加快农村公路养护管理信息化步伐，加强路况检测和人员培训，科学确定和实施养护计划，努力提升养护质量和资金使用效益。

（四）全面运营好农村公路，服务城乡经济社会发展

  坚持以"城乡统筹、以城带乡、城乡一体、客货并举、运邮结合"的总体思路，到2020年，具备条件的建制村通客车比例达到100%，建立完善的农村客运运输网络，全

面提升公共交通基础设施水平。2010年全省实施农村客运服务均等化后,我区已经实现有通客车条件的行政100%通客车的工作目标。

1. 继续开展客运班车通行条件联合勘查行动。为进一步完善村客运班车通行条件,根据"四好农村路"工作要求,对不符合安全通客车条件、安全设施不足的行政村村道实施改造,联合区安监局、区公安交警大队及各镇等单位对改造后的农村公路安全通客车条件进行重新勘察,形成联合勘察报告,作为农村客运班车开通的依据。对改造后达到全通客车条件的行政村,通过新开线路或延伸现有线路等方式解决行政村通班车问题。

2. 升级改造镇汽车客运站。目前各镇均建成农村客运站(招呼站),下一步将对现有农村客运站(招呼站)进行升级改造,条件成熟的镇客运招呼站升级改造为汽车客运等级站。我区现有新圩汽车客运站(三级)、镇隆汽车客运站(三级)两个镇汽车客运等级站。由于新圩汽车客运站现有场地租期已满,为维护当地运输市场秩序,计划在2016年至2018年期间,完成建设工作。

3. 推进农村客运班线公交化。"十三五"期间,将对现有农村客运班线进行公交化改造,成熟一条改造一条。按照"城乡统筹、以城带乡、城乡一体、客货并举"的原则,进一步巩固公共服务均等化成果,加快完善农村公路运输服务网络,形成以惠阳中心城区为枢纽,各镇为支点的城乡道路运输网络,方便人民群众出行。

四、保障措施

(一)落实责任分工

建立健全农村公路"建、管、养、运"工作机制,落实工作责任,分解工作任务,细化建设目标,充实工作力量,落实资金、机构、人员和保障措施,确保顺利实现各项"四好农村路"建设目标,让百姓看到实效,得到实惠。形成以区政府为主导,区交通运输局、区地方公路管理局具体落实,镇、村保障人员和经费协助管理的建管养运机制。

(二)加强资金保障

全面建立以公共财政投入为主,多渠道筹措为辅的农村公路建设、养护资金筹措机制,将农村公路管理机构经费纳入财政预算。建立根据物价增长、里程和财力增加等因素改变而变化的养护管理资金投入增长机制。努力争取各种扶贫和涉农资金用于农村公路发展，发挥好"一事一议"原则在农村公路发展中的作用。根据实际工作的开展，安排专项资金。加强资金使用情况监督检查，提高资金使用效益。继续鼓励企业和个人捐款，以及利用道路冠名权、路边资源开发权、绿化权等多种方式筹集社会资金用于发展农村公路。

附件 B

惠州市惠阳区关于加快落实交通部门绩效考核项目推进"四好农村路"建设工作的通知

2017 年 4 月 5 日　　　　　　　　　　　惠阳交字〔2017〕56 号

　　根据区委办、区政府办《关于转发〈2017 年惠阳区表格化捆绑式绩效考核工作方案〉的通知》（惠区委办发电〔2017〕35 号）和区政府办《关于印发惠阳区推进"四好农村路"建设实施方案的通知》（惠阳府办函〔2017〕44 号）要求，为加快推动我区"四好农村路"建设工作，打造农村地区宜居宜业宜游发展环境，落实我区精准扶贫工作任务，推进"美丽乡村"行动计划，助力实现全面建成小康社会目标，通知如下：

　　一、加快建设步伐，完成绩效考核任务。区表格化捆绑式绩效考核工作方案已将农村公路建设项目纳入考核范围，包括：1、省级新农村示范片区道路建设项目；2、140 公里通村公路路面硬化任务；3、县道 X205 线永湖至马安段公路改建工程。三项考核任务要求务必在今年底完成。（责任单位：区交通运输局，协办单位：区财政局、区国土资源分局、沿线各街道办和各镇人民政府）

　　二、推进城乡交通运输一体化和农村物流网络建设，达成具备条件的建制村通客车目标，促进脱贫攻坚目标实现。今年重点完成 7 个行政村村道拓宽任务，实现农村客运全覆盖目标。（责任单位：区交通运输局，协办单位：区财政局、区国土资源分局、各街道办、各镇人民政府）

　　三、理顺管理体制，落实管养责任。机构设置完善，经费纳入一般公共预算。区地方公路管理局与交通综合行政执法局为农村公路管理的行政执法主体，乡镇（街道）乡村公路管理办公室和公路养护道班是农村公路管养的一线单位，乡镇、村委会作用发挥充分，实现全区 102 个行政村全部制定爱路护路的乡规民约、村规民约，建立区有路政员、乡有监管员、村有护路员的路产路权保护队伍。（责任单位：区交通运输局，协办单位：区财政局、区交警大队、各街道办、各镇人民政府）。

四、强化考核督查，建立长效机制。将"四好农村路"建管养运工作指标纳入区政府的绩效考核目标，纳入对镇街、乡、村政府和职能部门的年度考核指标。建立以公共财政投入为主、多渠道筹措为辅的农村公路建设资金保障长效机制。（责任单位：区绩效办，协办单位：各相关部门、各街道办、各镇人民政府）

五、实现有路必养，养必到位。在市交通运输局制定的《惠州市农村公路检查考核办法》基础上，进一步进行细化量化，严格执行考核标准，坚持每月开展检查考核，坚持实行月通报整改制度。把经济收入与养护质量挂钩，实现农村公路列养率100%。（责任单位：区交通运输局，协办单位：各街道办、各镇人民政府）

六、夯实公路建设质量基础。紧抓公路工程质量管理，新建农村公路一次交工验收合格率达到98%以上。落实工程项目"七公开"制度，打造农村公路建设阳光工程。今年完成农村公路交通安全设施投入任务210万元，切实做好危桥排查与改造，杜绝发生特别重大安全生产事故和重大质量事故。（责任单位：区交通运输局，协办单位：区财政局、区安监局、各街道办、各镇人民政府）

七、大力整治农村公路路域环境，保持路面保洁、边沟齐全畅通。县道基本实现路田分家、路宅分家，乡村道整治有序进行。（责任单位：区交通运输局，协办单位：区交警大队、各街道办、各镇人民政府）

惠州市惠阳区机构编制委员会关于部分事业单位类别调整的通知

2017年6月29日　　　　　　　　惠编字〔2017〕36号

根据《广东省机构编制委员会办公室关于调整认定惠州市行政类事业单位的批复》（粤机编办发〔2015〕136号）精神，经区编委领导批准，现对部分事业单位类别调整如下：

惠州市惠阳区地方公路管理局、惠州市惠阳区地方公路路政管理所、惠州市惠阳区机关事务管理局3个单位由公益一类事业单位调整为行政类事业单位，经费由区财政比照行政机关标准拨付，其他机构编制事项维持原定不变。

惠州市惠阳区动物卫生监督所由行政类事业单位调整为公益一类事业单位，经费由区财政按财政补助一类拨付，其他机构编制事项维持原定不变。

惠州市惠阳区散装水泥办公室由行政类事业单位调整为公益一类事业单位，编制和经费供给渠道参照行政类事业单位管理，其他机构编制事项维持原定不变。

根据《国务院办公厅关于印发分类推进事业单位改革配套文件的通知》（国办发〔2011〕37号）精神，上述定为行政类事业单位的事业编制只减不增。

惠阳区地方公路管理局道班管理制度

2013年1月29日　　　　　　　　　惠阳地路〔2013〕4号

为了更好地贯彻执行党和国家的各项方针、政策，严格执行"畅通主导、安全至上、服务为本、创新引领"的公路工作指导方针，加强对道班的管理，做到有章可循、职责明确，进一步提高经济效益和工作效率，制订如下管理制度：

一、养护生产工作制度

（一）生产管理制度

1. 严格执行《惠州市农村公路养护管理检查考核办法》（惠市交发〔2012〕680号）的公路养护质量检查评定标准，努力完成局的各项工作指标，班员必须服从班长的领导，服从分工，听从指挥，共同完成道班各项任务，做到以路面养护为主的全面养护。同时要对管养路段的桥梁、涵洞、边沟、排水沟等进行定期检查，确保公路畅通。县道平均公路技术状况指数MQI、路面使用性能指数PQI、硬底化通村公路年平均好路率必须完成上级交通主管部门的指标。

2. 班长在每月25日前制定出下月生产计划，并报乡村公路管理办公室审核，批准后按计划安排生产任务。

3. 班长充分发挥主观能动性，合理安排班员、养护生产任务并组织实施。

4. 道班应按照《关于印发惠州市乡村公路内业管理图表的通知》的要求，填写内业资料，要认真、规范、准确。

（二）道班劳动用工考勤纪律

1. 道班临时工由班长组合，经养护股同意后上岗。人数及人员要求由养护股制定具体标准。

2. 受聘临时工要与道班长签订劳动合同书，双方必须遵守合同书的内容规定。聘用临时工必须符合男性18～60周岁、女性18～55周岁年龄要求。

3. 班长可提出临时工的辞退、裁减，经地方公路管理局同意后执行。地方公路管理局也可根据考核情况直接辞退、裁减临时工。

4. 严格执行出勤登记制度。星期一至星期五为工作日，由于工作需要，要求道班周六加班（加班费按国家标准补给），每天作业8小时（作业时间从到作业地点计起）。

5. 班长请假必须征得局乡村公路管理办公室同意，班员请假一天必须征得班长同意，请假两天以上必须征得乡村公路管理办公室同意，否则视为无故旷工。请假扣当天出勤费；旷工一天扣除二天工资，旷工两天除扣除四天工资总额外，并给予警告；旷工三天及以上解除劳动合同关系。

6. 不得无故迟到、早退，月迟到、早退三次按旷工一天计算。

7. 班员必须尽心尽职做好本职工作，如在工作中出勤不出力的、没有按质按量完成任务的、无故旷工时，第一次给予警告，第二次无条件解除劳动合同关系。

8. 严禁上班时间喝酒、赌博、干私活，如发现，班长可给予训诫或报养护股进行罚款、待岗或辞退处理。

9. 对于打架斗殴、酗酒闹事、无理取闹者可处以200～500元罚款。第一次给予警告处罚，并对班长作连带处罚；屡教不改或造成严重后果的，给予解聘，并扣除班长当年的安全奖。解聘后班员与地方公路管理局不再有劳动关系。

10. 以上各条如班长没有发现，而是养护股或局领导检查发现，不但处罚本人，还要处罚班长。如班长带头违规，将给予重罚。

（三）生产任务及养护质量要求

1. 积极开展以提高路况、提高养护质量为主要目标公路养护工作，根据《惠州市乡、村道公路养护管理检查考核评分表》进行评定：90分以上为优等路；80分以上为良等路；70分以上为中等路；60分以上为次等路；60分以下为差等路。

2. 乡村公路管理办公室每月末对各班路况进行检查，按路况分数发放路况奖金。完成上级下达路况指标的全额发放路况奖；MQI、好路率每降低一个百分点，扣除一个百分点的路况奖金。

3. 完成领导临时交办的各项任务。

4. 保持路面整洁，横坡适度，行车舒适；路肩整洁，边坡稳定，排水畅通；构造物完好，沿线设施完善，绿化协调美观，力争构成畅、洁、绿、美的公路交通环境。

（四）道路巡查制度

1. 道班必须对养护县道每日巡查一次，乡村道路每月巡查不少于一次。

2. 在巡查过程中根据路面的实际情况，认真填写巡查记录。

3. 在特殊天气（暴雨、台风、泥石流等）过程中和结束后，必须及时对养护路段进行巡查，发现影响安全或中断交通时，班长应安排道班工人及时设置警示或绕行标志，并上报地方公路管理局。

4. 坚持对危险路段的重点巡查，发现问题及时处理或上报。

5. 及时清除路上障碍物，保证公路安全畅通。

二、安全生产管理制度

1. 认真做好道班的防火、防盗工作。养护作业必须按规定设置施工标志，穿上反光安全标志服装，积极开展"三无"（即个人无违章、班房无隐患、班组无事故）和反"三违"（即违章指挥、违反操作规程、违反劳动纪律）活动，杜绝责任事故的发生。违反上述规定的按事故大小追究当事人和班长的责任，必要时扣路况奖金。

2. 车辆管理

（1）道班车辆必须专人驾驶，只准用于养护工作和养护工人上下班使用，不得他用；上、下班时不得搭乘社会上的人员，出现事故，一切责任由司机负责。其他班员未经许可不得擅自驾驶车辆。如违反纪律，造成事故者由其本人负全部责任。

（2）严禁带病和酒后开车作业，违者将进行处罚，造成交通事故其一切后果由本人自负。

（3）机驾人员应保证车辆的正常行驶及安全，每天行车前必须做好安全检查，如因无机油、无水、无刹车造成的责任事故由司机负责。

（4）道班车辆不得对外营运，如发现对外营运的，第一次扣罚当事人当月工资总额并给予警告；第二次无条件解除劳动关系。如发生安全事故由当事人负全部责任。

3. 道班人员在路上作业时，必须穿着反光标志服。否则，第一次给予扣除15元；第二次扣除15元并给予警告；第三次无条件辞退。

4. 道班在路上作业时，施工两端必须按规定设置明显的施工标志牌，施工路段同时放置安全示警标志。否则,第一次给予班长和副班长扣除当月安全奖金处别;第二次扣除当月安全奖并给予警告;第三次无条件辞退。如未按规定设置安全标志而发生的事故,一切责任由班长及副班长长负责。

5. 如未按安全规定操作发生安全事故的,班长应主动辞职,并视其情节追究经济责任。

三、机具使用管理制度

1. 道班的机具要建立台账、技术档案,每年定期清查,核定机具技术状况,做到物、账相符。

2. 机具的使用,必须要贯彻人机相对固定的原则,严格实行定人、定机、定操作规程制度,做到机具件件有人管。

3. 道班工人在工作中应做好机具的检查、保养和维修,保证养护生产任务的正常进行。

4. 机具操作人员必须经过适当的培训,合格后方可操作。

5. 机具要定期保养,使之经常处于完好状态。

四、班长、副班长职责

1. 班长为道班生产、路政、防火、安全的责任人。负责全面工作,必须做到尽心尽责,认真做好本班工作。

2. 做好月、季、年的工作计划,指导、检查、督促班员工作,并保证按质按量完成局下达各项任务。

3. 班长每天必须对管养路段进行巡视,发现违章行为及时制止,制止不了及时上报。否则,发现路政违章行为超过2个工作日没有上报的,第一次给予扣除当月路政补助(50元);第二次扣除当月路政补助并给予警告;第三次解除劳动关系。

4. 副班长应协助班长做好班内的各项工作,班长不在时,副班长应负责管好班的各项工作。

五、内务管理

1. 统计员每月应做好本班管养路段的路况、桥梁、涵洞的经常性和定期性检查记录，按时做好每月的报表及图表，做到图表填写规范、准确、整齐。如在季度或年度检查因图表不符的，扣除班长和统计员年终奖金的30%~50%。

2. 财务工作应做到日清月结，报账单据必须有三人以上签名才能报销。否则，第一次扣除班长和财务的职务补助；第二次扣除职务补助并给予警告；第三次解除劳动关系。

3. 后勤人员必须做好班内清洁卫生，空地应种有青菜或果木，保证班员用菜。如在季度或年度检查时因班内卫生问题造成扣分的，扣除后勤人员年终奖金30%~50%。

4. 道班院落规划合理，机械停放整齐，没有杂草、垃圾，种植各种花草树木美化环境。道班室内环境应保持整洁，做到窗明几净，室内环境的保持工作要各负其责。

六、其　　他

1. 为提高道班工人的自身素质，道班要组织定期学习。每季度至少组织一次业务学习，提高道班工人的业务技能。学习由道班班长主持并做好记录。

2. 道班车辆不得对外营运，如发现对外营运的，第一次扣罚当事人当月工资总额并给予警告；第二次无条件解除劳动关系，如发生安全事故的由当事人负全部责任。

3. 违法国家的法律、法规，依法追究个人法律责任，本单位概不负责。

附件 E

惠阳区农村公路兼职路政员（监管员）管理制度

2011年9月1日　　　　　　　　　　惠阳地路〔2011〕23号

　　第一条　为规范我区农村公路兼职路政员（监管员）的管理，发挥兼职路政员（监管员）工作的积极性，实现兼职路政员（监管员）的科学管理，按照《中华人民共和国劳动法》《中华人民共和国公路法》《广东省公路管理条例》等相关法律法规，结合我区农村公路实际，制定本制度。

　　第二条　本辖区内各乡镇乡村公路管理办公室主任、养护道班班长和副班长为本乡镇农村公路兼职路政员（监管员）。

　　第三条　为维护公路路产路权，及时发现公路及其附属设施损坏情况，确保公路安全畅通，促进公路日常路政巡查和养护巡查的规范化、标准化，兼职路政员（监管员）主要职责如下：

　　（一）宣传贯彻执行公路相关法律法规规章和规范性文件。

　　（二）协助检查和制止违法利用、占用、挖掘、破坏公路、公路用地和公路设施等行为，以及公路违法案件的调查处置工作。

　　（三）协助开展农村公路施工作业路段的安全监督和管理，维护交通秩序，保障交通安全。

　　（四）协助监督和检查经批准的农村公路路政许可事项实施工作。

　　（五）负责农村公路路政和养护日常巡查和记录工作。县道每个工作日巡查不少于一次，通行政村公路每月巡查不少于一次，雨天、台风等特殊天气或特殊情况，应增加巡查频率，并严格执行巡查登记制度，及时填报巡查情况记录。

　　（六）及时向上级部门报告有关公路养护和路政管理情况，并按要求认真完成上级部门安排的各项工作。

　　（七）依法行使法律、法规规定的其他路政管理职责。

第四条　兼职路政员（监管员）的证件由地方公路管理局统一核发。

第五条　兼职路政员（监管员）的福利待遇：

（一）兼职路政员（监管员）每月补助50元的职务补助；

（二）每个道班每月补助250元的巡路油费补助。

第六条　有以下情形之一的，发现一次扣除当月兼职路政员（监管员）补助，涉及违法犯罪的，移交司法机关依法处理：

（一）损害公路路产、路权的行为未及时发现和报告的；

（二）出现交通中断等重大灾情未及时发现和报告，未及时抢修保畅通的；

（三）不按规定填报公路养护路政巡查记录的；

（四）利用兼职路政员（监管员）职务参与"公路三乱"行为的。

第七条　本制度自印发之日起施行。

惠阳区农村公路绿化工作实施方案

2012 年 9 月 10 日　　　　　　　　　　　惠阳交字〔2012〕236 号

为切实推进我区农村公路绿化工作,促进交通运输生态文明,充分发挥农村公路社会和经济效益,根据惠阳区政府《惠州市惠阳区创建国家森林城市工作方案》精神,结合我区农村公路实际情况,确保实现农村公路"畅、洁、绿、美、宁"目标,制定本实施方案。

一、指导思想

以科学发展观为指导,科学规划、创新理念,以城市、森林、民生为主题,注重人与自然的和谐发展,坚持科学规划、合理布局、适地适树、优化配置原则,打造绿色公路,创建绿色走廊,实现城乡绿化一体化,促进我区新农村建设和农村经济社会可持续发展。

二、目标任务

坚持"科学规划、合理布局、适地适树、优化配置"的原则,推进全区农村道路绿化工作。着力打造农村绿色长廊,稳步提升林木覆盖率,推动绿化资源量质齐升,促进美丽乡村和特色田园乡村建设。选择适宜本地种植的适生树种,通过 2~3 年的努力,农村公路绿化指标达到国家森林城市的评选指标,县道林木绿化率达到 80% 以上,建成畅通安全、干净整洁、绿树成荫、季相分明的乡村林荫大道。

三、基本措施

（一）突出重点，统筹推进。以示范路及靠近集镇、省级农村示范片、旅游景区等线路为重点，充分考虑乔灌花草的合理配置。结合农村生产生活实际，采用秋枫、香樟、美丽木棉等适生树种，树木干径以108～12cm为宜。加快农村道路绿化提档升级，做到道路畅通、路面平整、绿化美化、标志齐全。

（二）精心组织，合理安排。抢抓冬春有利工期，合理安排人力物力，全力推进农村公路绿化工作，确保按期完成年度绿化任务。按照"补齐断档、连接成片、整体植绿"的原则进行全路段植树绿化，进一步改善农村公路绿化结构，打造美丽村镇区域农村道路绿化亮点，努力营造良好的道路通行环境和农村生态环境。

（三）加强管护，注重长效。落实农村公路绿化管护责任，强化后期管理，不断完善农村公路绿化工作的长效机制。及时做好农村公路绿化植株的除草、修剪、浇水、施肥，提升绿化工程的成活率、保存率，确保绿化水平年年都有新提高、城乡面貌年年都有新变化。

四、实施办法

（一）明确责任，高效推进。县道X202、X204、X205、X209、X225、X226、X227等7条线路等我区辖下路段两侧路树栽植补植，由区地方公路管理局组织实施；乡、村公路两侧路树树栽植补植由所在乡（镇）政府组织实施，所需苗木由各乡镇自行解决。

（二）因地制宜，保障投入。公路绿化要注重与周边自然、人文景观的结合与协调，因地制宜开展乔木、灌木、花草等多种形式的绿化。实施农村公路绿化，资金投入是保证。区地方公路管理局积极争取上级主管部门资金补助，完成好县道绿化工作。各乡镇要建立激励机制，充分调动各方面积极性，积极推进农村公路绿化工作。

（三）严格标准，保障成效

1. 在公路两侧各栽植1行路树，株距5m。有边沟的栽植在公路两侧的排水沟中间，没有边沟的栽植在距离路面边缘3m的公路用地上；

2. 洞穴规格50cm×50cm×50cm；

3. 苗木要求带有30cm以上土球，带有2级以上分枝。树种以香樟为主。香樟树苗胸径要求达到5cm以上。

附件

惠阳区2017年"四好农村路"路域环境综合整治工作方案

2017年1月16日　　　　　　　　　　惠阳交字〔2017〕8号

为深入贯彻落实党中央、国务院"三农"工作部署和习近平总书记有关农村公路"建管养运"工作的重要指示精神,按照我区"十三五"发展规划,加快落实我区农村公路"建管养运"协调可持续发展,到2020年实现"建好、管好、护好、运营好"农村公路(以下简称"四好农村路")的总目标,根据《交通运输部关于推进"四好农村路"建设的意见》和广东省交通运输厅《广东省推进"四好农村路"建设实施方案》要求,制定本实施方案。

一、指导思想

在区人民政府统一领导下,加大全区农村公路路域环境综合整治工作力度,加强绿化美化,全面清理农村公路路域范围内的柴草堆、粪堆、垃圾堆、其他堆积物、违法广告标牌和构、建筑物,做到路面日常保持整洁、无杂物,边沟排水通畅,无淤积、堵塞。到2020年,具备条件的农村公路全部实现路田分家、路宅分家,打造畅通、安全、舒适、美好的通行环境。

二、组织领导

为确保"四好农村路"建设工作落到实处,根据惠州市交通运输局《关于做好"四好农村路"示范县创建工作的函》(惠市交函〔2017〕304号)要求,决定成立惠阳区"四好农村路"创建工作领导小组,负责组织协调"四好农村路"创建工作。

　　组　　长:黄树文(区委常委)

　　副组长:文　　震(区政府办副主任)

　　　　　　何焕斌(区交通运输局局长)

领导小组下设办公室,由曾惠明同志兼任办公室主任。

三、整治对象

　　整治对象主要为县道 X202 线、X204 线、X209 线、X226 线、X227 线和乡道 Y709 线、Y969 线等公路控制区内柴草堆、粪堆、垃圾堆、其他堆积物、违法广告标牌和构、建筑物。

四、职责分工

　　(一)各镇政府(街道办):主要负责辖区公路路域综合整治清拆行动的组织、领导和协调。

　　(二)区交通运输局:负责履行公路路域违法案件法律程序,制定路域整治行动计划,组织、指挥清拆行动。

　　(三)公安部门:负责维护现场交通秩序良好及处理突发事件。

五、工作步骤

　　(一)调查核实阶段(2017 年 1 月~2 月)。由惠阳区交通运输局具体负责,根据广东省创建"四好农村路"示范县(区)评定内容的要求,认真对全区农村公路违法广告牌、建筑物进行全面调查摸底核实,并做好法律程序工作。

　　(二)综合整治阶段(2017 年 3 月~2017 年 11 月)。各镇(街道办)与各相关部门按照职责分工,统筹兼顾,通力合作,高标准按时完成"四好农村路"路域环境综合整治的清拆工作任务。

　　(三)检查验收阶段(2017 年 12 月)。召开总结会,全面总结整治的工作成效和存在的问题，确保整治工作达到创建要求。

六、工作要求

（一）提高认识，加强组织领导

开展全区农村公路违法广告牌和建筑物综合整治，是实践"加快转型升级、建设幸福惠州"、创建"畅、安、舒、美"交通环境的客观要求。各镇（街道办）、单位要进一步统一思想，提高认识，成立专门工作机构，切实加强组织协调，层层落实工作责任，按照责任分工、时间节点要求迅速开展工作，确保综合整治工作高标准、高质量、按期完成。

（二）积极筹措整治经费，保障整治有效开展

区交通运输局负责进行全面调查，制定公路控制区两侧违法广告牌、建筑物综合整治经费方案，上报区政府审批。

（三）加强宣传，营造氛围

各镇（街道办）政府和交通、公路等部门要充分利用各种媒体和宣传手段，对违法广告牌、建筑物综合整治的意义进行广泛宣传，提高沿线公民的护路爱路公益责任意识，为综合整治工作创造良好的工作氛围，推动路域整治工作的顺利实施。

（四）建立长效机制，保持整治效果

各镇（街道办）政府和职能部门要以"四好农村路"路域环境综合整治工作为契机，立足于建立长效监管机制和办法，要加强日常监管和综合治理评价。要把农村公路路域环境整治纳入各镇年度工作目标考核，巩固和保持综合整治成果，为惠阳区经济和社会发展创造畅通、安全、舒适、美观的公路交通环境。

惠州市惠阳区行政村"村村通班车"专项行动工作方案

2017年10月16日　　　　　　　　惠阳府办函〔2017〕159号

为加快推进我区"四好农村路"建设，更好满足农村群众基本公共出行需求，确保我区按时完成行政村"村村通班车"目标，根据《广东省交通运输厅印发关于加快推进全省行政村通客运班车的实施意见的通知》（粤交运〔2017〕698号）及《惠州市人民政府办公室关于印发惠州市行政村"村村通班车"专项行动工作方案的通知》（惠府办函〔2017〕168号）精神，结合我区实际，制定本工作方案。

一、工作目标

至2017年底，完成9个未通客运班车行政村通班车工作，实现全区行政村客运班车通达率100%，全面实现我区"村村通班车"目标。

二、工作任务

对9个未通达客运班车行政村的34.495公里农村公路进行拓宽或增设错车道，完善交通安全防护设施。开展行政村道路通客运班车条件的联合审核工作，形成联合勘察报告，完善通客运班车的条件，并同步开通客运班车。

三、通达标准

（一）行政村通客运班车公路技术标准

原则上满足等级公路技术标准。受地形、地质等自然条件限制的乡、村局部路段，经技术安全论证，可适当降低纵坡、曲线半径等技术指标，但要完善相关设施，满足《农村公路建设指导意见》（交公路发〔2004〕372号）相关规定，确保安全。

采用单车道标准的四级公路，应结合地形、视距及交通量等情况设置错车道或进行拓宽。设置错车道路段的，每公里设置4处，路基宽度不小于6.5米，错车道有效长度不小于10米，过渡段不小于10米。对全路段进行拓宽的，则路基宽度不小于5.5米，路面宽度不小于4.5米，并视情况设置必要的错车道。

（二）安全设施标准

根据交通运输部公路安全生命防护工程有关技术规范要求，对通班车农村公路安全隐患路段进行治理，着重确保急弯陡坡、临水临崖等重点路段隐患整治落实到位。三、四级公路陡于1∶3的填方边坡、路侧陡崖或深沟高度大于6米路段，路侧5米内有水深0.5米以上水体（含江河、湖泊、水库、沟渠）或路侧为铁路等险要路段，须设置路侧护栏。其他路侧险要路段，可根据路侧危险程度和历史事故情况等设置护栏及视线诱导、减速限速等安全设施。通班车农村公路不能存在五类桥梁和隧道。

（三）行政村通客运班车标准

开行距离行政村村委会2公里范围之内客运班车（含公交）的，或采用节假日班车、圩日班车、定制客运等多种形式及时满足农村群众实际出行需求的，认定为行政村通客运班车。位于海岛、水库等特殊地理位置的行政村通渡船的视为通客运班车。

按上述标准要求和经济、安全、因地制宜原则，可根据自身实际，对不符合通客运班车技术标准的农村公路采用拓宽路面或设置错车道的方式进行改造，并同步完善交通安全设施。

四、职责分工

（一）区人民政府是"村村通班车"责任主体，负责按通客运班车的标准和要求对客运班车需途经的农村公路进行拓宽或设置错车道，开展道路交通安全防护设施的建设和资金的筹措，建立农村公路通客运班车条件审核机制并组织审核，组织行政村通客运班车的投入和运营。负责协调辖区内交通、财政、公安、安监、国土等部门以及乡镇政府职责，统筹做好农村公路的建设、管理、养护、运营和安全监管工作。

（二）交通运输部门是"村村通班车"的牵头部门，负责统筹协调相关部门加强农村公路基础设施改造和农村客运运营管理。

（三）公安部门负责加强农村公路路面交通安全监控，严厉整治交通违法行为，维护农村公路交通秩序。

（四）安全监管部门负责督促指导本级政府负有农村道路交通安全监管职责的部门及下级政府履行农村道路交通安全监管职责，把农村道路交通安全监管工作纳入安全生产责任制考核。

（五）发展改革部门负责加强对通行政村班车相关价格工作的监督检查。

（六）国土资源、林业部门负责优先保障农村公路基础设施改造和建设用地指标。

其他相关部门应按照各自职责做好相关工作。

五、资金筹措

（一）实施行政村"村村通班车"专项行动所涉及资金由区财政统筹解决。

（二）区交通运输局积极争取上级窄路面路基拓宽、公路安全生命防护工程补助资金，并优先安排"村村通班车"所涉及项目。

六、工作措施

（一）加强通行政村公路基础设施改造和管理

1. 加快通行政村公路窄路基路面拓宽改造和错车道设置工作。按照行政村通客运班车目标，以地方实际需要和农村群众出行需求为导向，制定详细工作计划。综合考虑改造成本、工程难度、资金筹措、受益村数量等多种因素，选择合理方式，加快对不符合通客运班车标准的农村公路进行改造。竣工验收按照《惠州市新农村公路建设工程竣（交）工验收办法》（惠市交发〔2013〕1号）规定的程序进行。

2. 推进通行政村公路安全生命防护工程建设。开展农村公路窄路基路面改造的，应当同步建设交通安全、排水和生命安全防护设施，改造危桥，确保"建成一条、达标一条"；因安全生命防护工程不达标未能开通客运班车的，结合当前实施的农村公路安全生命防护工程优先实施，确保将农村公路急弯陡坡、临水临崖等重点路段隐患整治到位。

3. 加快配套农村客运站（亭）建设。结合行政村通客运班车计划，同步推进配套农村客运站（亭）建设。其中：实施农村公路窄路基路面改造的，应当同步设计、同步建设、同步交付使用农村客运候车亭；对于需求不大或不具备条件的，应当同步建设农村客运招呼站。

4. 做好通行政村公路基础设施养护管理。建立健全"县为主体、行业指导、部门协作、社会参与"的养护工作机制，加强农村公路及其配套设施养护管理，全面落实县（区）级政府的主体责任，将日常养护经费和人员作为"有路必养"的重要考核指标。加大农村公路养护力度，到2020年，在完成列入养护计划的农村公路列养率100%基础上，实现全区农村公路全覆盖养护，优、良、中等级农村公路路况比例不低于85%，路面技术状况（PQI）逐年上升。

(二) 全面推进行政村通客运班车工作

1. 优化城乡客运经营结构。大力推进农村客运公司化、规模化经营，鼓励城乡客运经营主体通过收购、兼并或入股等形式进行整合，推动城乡客运一体化和长短途客运互补经营。有条件的地方可试行农村客运专营，统筹区域农村客运协调发展。打破地域垄断，鼓励农村客运发展滞后地区引入规模大、有实力的客运企业，带动本区域农村客运发展。

2. 创新农村客运组织模式。允许农村客运突破传统客运班车经营模式，采用圩日班车、早晚班车、节假日班车等更加灵活多样的组织形式。针对部分农村地区客源稀少、传统班车经营困难等实际情况，推进"互联网+"运输服务在农村客运中的应用，依托互联网平台、电话预约等多种方式，打造适宜农村地区出行的"定制客运"，满足不同时段、不同区域农村群众出行需求。充分发挥乡镇客运站的枢纽作用，推进长途客运和农村客运融合发展，逐步推广农村群众出行"一票制"，实现以长补短、以短促长的良性循环。

3. 科学合理配置农村客运车辆。对受农村公路条件限制或客源较少的通行政村客运班车，在机动车检验有效期内且登记的使用性质为公路客运，车辆技术等级达到二级以上，且符合当地农村客运市场需求的客运车辆，允许选择列入国家发展改革委《车辆生产企业及产品公告》。允许通行政村客运班线和定制客运按照实际需要配置多种型号客运车辆，企业可对通行政村客运车辆在不同线路上灵活调配。

4. 建立通行政村班车可持续发展机制。针对客源稀少、通过市场化方式无法开通和维持运营的通行政村客运班线，建立健全相应补贴机制，确保农村客运能够"开得起，留得住"。

（三）保障农村群众安全出行

1. 规范组织农村公路通行条件审核。交通运输主管部门应当报请同级政府同意，联合公安等部门和相关乡镇政府建立农村公路通客运班车条件审核机制，按照行政村通客运班车公路技术标准和安全设施标准开展审核。

2. 加强农村公路基础设施安全动态监管。定期组织开展现有农村公路基础设施安全隐患排查工作，建立安全管理台账，及时消除安全隐患。农村公路基础设施出现损毁时应及时修复，确保农村公路基础设施符合通客车条件。

3. 加强通行政村客运车辆动态监管。制定通行政村客运班车和定制客运的监管办法，维护市场秩序，保障运营安全。农村客运经营者应为农村客运车辆安装符合标准的带卫星定位功能的行车记录仪，并实时向交通运输主管部门上传卫星定位数据。

4. 加强农村公路和农村客运的执法监督。探索县（区）级统一执法、乡村协助执法的工作方式，依法开展路产路权保护和路域环境整治，及时查处通行政村客运车辆违法违规经营行为。公安和交通部门要依托公路治超站、治超流动巡查路段加大对农村公路超限超载运输车辆联合执法力度，在农村公路重要出入口及节点依法设置限高、限宽等防护设施。

5. 落实农村客运安全监管责任和企业安全主体责任。区政府落实农村客运和安全监管主体责任，健全"县管、乡包、村落实"的工作机制。农村客运企业要落实安全生产主体责任，建立健全安全生产责任制，完善相关应急预案，加强对农村客运车辆的动态监管，强化司乘人员教育，确保车辆技术状况良好。

七、保障措施

（一）加强组织领导。为切实加强我区"村村通班车"专项行动的组织领导，区政府成立以区委常委黄树文为组长，区政府经研室主任文震、区交通运输局局长何焕斌为副组长，各有关乡镇人民政府以及区交通运输、发展改革、国土资源、财政、公安、安监等部门分管领导为成员的惠阳区"村村通班车"专项行动工作领导小组，负责组织领导、协调指导、监督检查相关工作。领导小组办公室设在区交通运输局。

（二）落实资金保障。区财政按照资金筹措安排，加强资金预算管理，多渠道筹措资金，保障自筹资金足额到位，确保任务顺利完成。

（三）强化监督检查考核。区交通运输局应当定期向区政府报告"村村通班车"工作进展情况、存在问题及下一步工作计划、措施。区政府将适时组织开展专项督查，对工作进度落后、组织实施推进不力、造成不能按时完成任务的相关部门实行问责。

附件 1

惠州市惠阳区提升"四好农村路"创建水平三年行动计划（2018—2020年）

2018年7月3日　　　　　　　　　　惠阳府办函〔2018〕108号

为助力乡村振兴战略、推动建成小康社会、加快美丽乡村建设，结合我区"十三五"建设城乡协调发展示范区的总体规划，实现我区农村公路"建好、管好、护好、运营好"的更高目标和更高质量，制定本行动计划。

一、工作目标

继续加大农村公路建设投入，实现从"会战式"建设向集中攻坚转变，从注重连通向提升质量安全水平转变，从以建设为主向建管养运协调发展转变。通过转变发展思路和发展方式，不断扩展农村公路通达深度及覆盖面；通过3年努力，实现我区农村公路路网结构明显优化、管理水平明显提高、养护能力明显增强，全面建成我区农村公路"畅、安、舒、美"的路网路域环境。

（一）坚持建设优先，实现农村公路全域路网格局。通过合理规划、统一推进、加强监督，提升区通镇（含街道，下同）、镇通行政村公路技术标准，拓宽窄路面，修复"畅返不畅"路面和推进升级改造，延伸村道路面硬化通达深度和覆盖范围，由"村村通"、"组组通"向"进村入户"目标迈进，提高农村公路建设质量，保证农村公路项目一次交工验收合格率达98%以上，县乡道排查发现的安全隐患治理率达到100%。到2020年，农村道路全域路网结构得到进一步提升，安全水平明显改善。

（二）坚持管养并重，实现农村公路全域管养模式。积极探索分级管养的新型模式，坚持联动协作，开展路域整治行动。充实各级路政、护路人员配置，到2020年，实现区、镇二级农村公路管理机构设置率达到100%，打造更加安全畅顺的农村公路通行环境。

加强养护力度。通过创新机制，加大投入，提高机械化养护水平，到2020年，在确保完成农村公路列养率100%基础上，实现全区农村公路全覆盖养护，优、良、中等级农村公路路况比例不低于85%，路面技术状况（PQI）逐年上升。

（三）坚持全面统筹，实现农村公路全域运营方式。落实农村公交"一镇一站"建设，加大农村公交补助力度，力争2020年在全区各镇建立串联行政村的环镇公交线路，完善农村交通客运及物流服务体系，构建村民小组一级物流全覆盖的物流网络。

二、工作任务

（一）全面提升农村公路建设标准。坚持因地制宜、科学规划，使农村公路建设与优化城镇布局、农村经济社会发展和广大农民安全便捷出行相适应。"十三五"期间，农村公路建设抓住6个重点，实现6个目标。

1. 实现村道硬化"进村入户"目标。全面完成农村公路硬化建设，实现农村公路环状化、网络化格局，由实现"村村通"向"组组通"向"进村入户"的目标迈进。结合农村路网普查，根据实际需要和建设能力，完善农村公路网。2018年完成20户以上村民聚居区生活出行需求的村道硬化改造里程75公里。拓展通往村小组的"第二条路"，构建自然村之间的环状路网，向"进村入户"目标迈进；2019—2020年完成通往主要农业经济生产规划区的村道硬化改造里程75公里。（牵头单位：区交通运输局，配合单位：区财政局、区发展改革局、区国土资源分局、各镇）

2. 实现主村道"双车道"目标。加快农村公路窄路面拓宽建设步伐，以适应新农村经济社会发展。将具备拓宽条件的村道纳入窄路面拓宽计划，把建制村村道拓宽成双车道。按照各镇摸底调查数据，2018年计划拓宽100公里，2019年计划拓宽80公里，2020年计划拓宽70公里。（牵头单位：区交通运输局，配合单位：区财政局、区国土资源分局、各镇）

3. 实现乡村道"畅顺美"目标。全面启动乡村道路升级改造，完成全区农村公路"畅返不畅"排查，在解决"畅返不畅"的基础上，对有条件的路面进行拓宽和沥青罩面施工，每年安排100公里破损路面改造修复工程。通过实施修复和升级改造，提升农村公路的通行能力和舒适水平，到2020年底，全面完成修复改造任务。（牵头单位：区交通运输局，配合单位：区发展改革局、区财政局、区国土资源分局、区林业局、各镇）

4.实现农村路"平安路"目标。完善农村公路生命安全防护设施，按照《惠州市公路安全生命防护工程实施方案》和中央、省、市要求大力推进农村公路安全生命防护工程，2018年底前全面完成经排查入库的329公里县乡村道公路安全生命防护工程整治任务。同时，定期对农村公路开展安全隐患排查治理，及时消除公路安全隐患，提升农村公路安全保障水平。（牵头单位：区交通运输局，配合单位：区财政局、区安监局、各镇）

5.实现农村路"无危桥"目标。对农村公路桥梁进行全面核查，发现一座、改造一座、达标一座。在2018年底前完成全区农村公路危桥检测，在2020年底完成所有危桥改造。（牵头单位：区交通运输局，配合单位：区财政局、各镇）

6.实现农村路"高质量"目标。加强农村公路建设管理和提高工程建设质量，认真落实农村公路建设"三同时"和"七公开"制度，接受社会监督，打造农村公路建设阳光工程。到2020年，新改建农村公路一次性交工验收合格率达到98%以上。（牵头单位：区交通运输局，配合单位：区财政局）

（二）全面提升农村公路管理水平。

1.健全保障机制。将农村公路"建管养运"工作纳入各镇年度绩效考核指标，建立全额公共财政投入的农村公路管养资金保障机制。（牵头单位：区绩效办，配合单位：区交通运输局、区财政局、各镇）

2.健全管理机构。健全符合农村公路特点的管理体制机制，按照全省事权与财权改革要求，完善区、镇二级农村公路管理机构协调管养机制，建立镇级农村公路管理机构双重供给和双重管理模式，镇、村落实必要的协管人员和管养经费。到2020年，区、镇二级农村公路管理机构设置率达到100%，镇级农村公路管理机构经费纳入镇级的财政预算比例达到100%。（牵头单位：区交通运输局，配合单位：区编办、区财政局、各镇）

3.健全管理队伍。配备专职路政员，落实9个镇有路政员、所有建制村有护路员，建立路政员和护路员工作规范和管理模式。到2020年，农村公路管理制度完全建立，爱路护路的乡规民约、村规民约制定率达到100%，确保区有路政员、镇有监管员、村有护路员的路产路权保护队伍。（牵头单位：区交通运输局，配合单位：区城管执法分局、区公安分局、各镇）

4.健全整治措施。坚持定期开展路域整治行动，每季度开展一次农村公路路域环境专项综合治理工作，加大农村公路路域环境综合整治工作力度，全面清理农村公路路域范围内的违法堆放和非公路、非旅游标志。到2020年，具备条件的农村公路全部实现路田分家、路宅分家，打造畅通、安全、舒适、美丽的通行环境。（牵头单位：区交通运输局，配合单位：区城管执法分局、区公安分局、各镇）

（三）全面提升农村公路养护水平。

1.提升养护技术指标，落实养护资金保障。科学制定和实施养护计划，努力提升养护质量和资金使用效益，将新建农村公路、乡村小路纳入养护计划。在确保农村公路列养率100%的基础上，到2020年，实现全区农村公路养护全覆盖，农村公路优、良、中等级路的比例不低于85%，路面技术状况指数（PQI）保持逐年上升。养护经费全部纳入财政预算并专项用于公路养护开支，提高养护工人工资标准，保障养护队伍稳定。（牵头单位：区交通运输局，配合单位：区财政局、各镇）

2.提升养护亮丽化水平，推进美化绿化建设。以实施农村公路绿化美化工程为着力点，加快实现由"单一绿化"向"景观美化"的转变，实现道路林荫化，全力打造有惠阳特色的绿色农村公路。区交通运输、林业部门组织实施全区县道绿化工作，各镇负责实施乡、村公路绿化工作，努力打造"一路一景"。完善农村路灯网络建设，由镇村自筹资金，按年度计划分期分批对乡道和主村道实施路灯配套建设。到2020年，基本实现全区农村公路有条件、宜绿化路段绿化率达85%以上。（牵头单位：区交通运输局、各镇，配合单位：区财政局、区林业局）

3.提升养护机械化水平，加强从业人员培训。加大经费投入，增强养护机械配置，积极引进先进养护设备，提高养护效率。加大预防性养护和大中修工程实施力度。加强路况检测和桥梁养护等专业人员的业务技能培训，定期开展道班人员养护技能培训，加强交流学习，及时掌握最新养护技巧，切实提高养护从业人员素质。（牵头单位：区交通运输局，配合单位：区财政局）

（四）全面提升农村公路运营水平。坚持以"城乡统筹、以城带乡、城乡一体、客货并举、运邮结合"为发展思路，进一步优化农村公交运输网络，全面提升公共交通基础设施水平，方便农村群众出行。到2020年，对具备通行条件的，将公交站点设置在村委会，公交直达村委会比例达60%以上；对条件不成熟的，努力将公交站点推进至距村委会800米范围内。

1.推动新能源车辆实施计划。3年内实现新能源电动车在农村公交普及，助推"蓝天保卫计划";全面提升客车性能,强化对司乘人员的安全培训和教育,提高从业人员素质。(牵头单位:区交通运输局,配合单位:区发展改革局、区财政局)

2. 实施"一镇一站"建设计划。在现有招呼站的基础上升级建设客运站场,完成对永湖、良井、平潭公交站场的规划选址;利用社会资本建设等级客运站场,同时配置物流、汽车充电功能;将沙田客运站升级改造为等级站,并加快新圩客运新站建设。按照"城乡统筹、以城带乡、城乡一体、客货并举"的原则,进一步巩固公共服务均等化成果,提升客运货运水平。(牵头单位:区交通运输局,配合单位:区财政局、区国土资源分局、区住房城乡规划建设局,相关镇)

3. 建立农村公交补贴补助计划。通过制定农村公交补贴机制,区财政加大扶持力度,确保农村公交"开得起,留得住,有效益"。力争在2020年开通各镇串联行政村的环镇公交线路,全面扩展农村公交覆盖面,使农村公交服务惠及更多群众。(牵头单位:区交通运输局,配合单位:区发展改革局、区财政局、区国资办、各镇)

4. 实施物流配送进村计划。积极推行物流配送进村小组试点,制定物流管理办法和实施方案,加强乡镇农村客运站与物流企业的合作,推进农村客运站与便利店、邮政、物流等"多站合一"的物流节点建设,加快落实村级电商服务。到2020年,实现全区村民小组电商物流配送全覆盖,打通农村物流"最后一公里"。(牵头单位:中国邮政惠阳分公司,配合单位:区发展改革局、区交通运输局、区财政局,各镇)

三、保障措施

(一)加强组织保障。成立惠州市惠阳区"四好农村路"建设工作领导小组,由区长担任组长,常务副区长、分管交通工作副区长任副组长,区府办公室及交通运输、农业、扶贫、机构编制、国资、发改、财政、住建、国土、公路、旅游、城管执法、安监、公安、环保、林业、水务、邮政、公用事业、绩效等部门主要领导及各镇镇长为成员。领导小组办公室设在区交通运输局,由该局负责人兼任主任,统一组织协调我区"四好农村路"创建巩固提升工作。

(二)加强责任落实。建立健全农村公路"建、管、养、运"工作机制,落实工作责任,分解工作任务,细化建设目标,充实工作力量,落实资金、机构、人员等保障措施,将"四好农村路"示范区巩固提升工作纳入相关部门和镇、村年度考核内容,形成"政府主导、交通牵头、各镇参与、部门配合"的工作格局和"人员到位、经费保障"的农村公路"建管养运"工作机制。

（三）加强资金支撑。全面建立以公共财政投入为主，多渠道筹措为辅的农村公路建设、养护资金筹措机制，将各级农村公路管理机构经费纳入同级财政预算。建立根据物价增长、里程和财力增加等因素动态调整的养护管理资金投入增长机制。统筹各类扶贫和涉农的公路资金全部用于农村公路发展，发挥好"一事一议"原则在农村公路发展中的作用。根据实际需要，安排危桥改造、水毁修复和安全设施等专项资金。加强资金使用情况监督检查，提高资金使用效益，具体到每一年度的实施情况和资金投入，应根据实际情况，在省、市批准并下达计划和确认配套资金的前提下做出合理安排。

（四）加强监督考核。按照"四好农村路"建设的各项工作目标和任务，定期开展考核工作。区交通运输部门强化监督考核，重点对责任落实、建设质量、工作进度、资金到位等情况进行检查指导，及时发现和解决问题；加强对各镇、村的督导，充分发挥基层组织在农村公路"建管养运"工作中的推动与监督作用。